AF246203

LES DERNIERS MOMENTS

D'UN

ÉLÈVE DU PENSIONNAT DE PASSY

NOTICE

SUR

RENÉ - MARIE - JOSEPH NOUEL

Décédé au Pensionnat des Frères des Écoles chrétiennes

A PASSY-LÈS-PARIS

Le 30 Mars 1862

PARIS

IMPRIMERIE RENOU ET MAULDE

Rue de Rivoli, 144

1862

LES

DERNIERS MOMENTS

D'UN ÉLÈVE

DU PENSIONNAT DE PASSY

I

Le beau mois de saint Joseph touchait
à son terme. Déjà nous avions salué le
Printemps; déjà cette gracieuse saison
avait commencé à nous payer son tribut
de verdure, de fraîcheur et de parfum,
qu'embellissaient encore les pieux sou-
venirs des solennités chrétiennes. Alors
l'ange qui veille sur le Pensionnat de
Passy vint y cueillir une fleur, pour la
transplanter dans les tabernacles éter-
nels. J'ai dit cueillir, ce n'est point assez;

parler plus tard, est morte en odeur de sainteté; enfin, un de ses frères, lieutenant d'artillerie, a été tué en 1855, sur sur le champ de bataille de la Tchernaïa, après avoir pris une part active à l'affaire de Bomarsund et au siége de Sébastopol; il avait été le modèle du soldat chrétien, au milieu même de la vie des camps.

Après ces détails, que nous abrégeons, il n'y a point d'exagération à dire que René, le plus jeune de la famille, suça la piété avec le lait. Nous savons peu de chose sur ses premières années, qui s'écoulèrent paisiblement dans l'innocence et dans les naïfs exercices de son âge. Il était encore bien jeune quand son père quitta Pont-Levoy. Ancien élève de l'école polytechnique, M. Nouel avait justement fait ses premières études dans une pension de Passy; c'était dans les dernières années de l'Empire. En sortant de Pont-Levoy, il vint s'établir à Orléans, pour y professer les mathématiques au lycée. Ce changement dans la résidence de la famille n'en apporta aucun dans la position de René; entouré des soins les plus tendres et les plus dévoués, il sentit se développer en lui, avec l'âge, cette affection si profonde pour les siens, affection qu'il conserva jusqu'à ses derniers instants.

Il était parvenu à son douzième printemps. Depuis plusieurs années, ses pieux parents le préparaient à sa première communion, et ils avaient la satisfaction de trouver en lui toute la correspondance désirable. Cependant, pour le favoriser davantage encore dans cet acte si grand et si sublime de la vie d'un jeune homme, ils songèrent à le mettre dans une maison religieuse, de préférence à tout autre établissement, où il leur aurait été si facile d'obtenir une bourse. Leur choix tomba sur le Pensionnat de Passy, et René y fut admis le 11 février 1857.

Quoiqu'il fût en âge de faire sa première communion, et que la piété de ses parents répondît suffisamment de son instruction religieuse et de ses bonnes dispositions, M. l'abbé Delamotte, premier aumônier, jugea plus prudent de suivre à son égard la règle de la maison, et de le remettre à l'année suivante. Ce ne fut donc que le 6 juin 1858 que ce cher enfant s'assit, pour la première fois, au banquet des anges. Ange lui-même, par les soins dont il avait été entouré et par la fidélité avec laquelle il y avait répondu, qu'avons-nous besoin d'insister davantage? Le même jour, il reçut le sacrement de confirmation des mains de S. E. le cardinal Morlot, ancien évêque d'Orléans, et alors archevêque de Paris.

Ainsi fortifié par la réception de trois sacrements, nouveaux pour lui, le jeune Nouel ne tarda pas à en recueillir les plus heureux fruits.

III

Si nous nous en tenions aux impres-
sions que René a données de lui durant
les premiers temps de son séjour au
Pensionnat, nous n'aurions pas grand'-
chose à en dire. Son passage dans les
moyennes classes ne l'a point fait sortir
du rang des élèves ordinaires. Simple,
modeste, ennemi du bruit, de la jactance
et des sottes inquiétudes de la vanité, il
n'avait nul souci de se faire valoir. Perdu
dans la foule des enfants de son âge, il
n'attira d'abord l'attention de personne.
Il fallait, si nous osions le dire, il fallait
le triste et douloureux événement de sa
mort pour révéler à ses maîtres, aussi
bien qu'à ses condisciples, les riches tré-
sors que renfermaient son esprit et son
cœur.

Arrivé au Pensionnat en février 1857, il fut placé dans la 5e classe. Il y obtint de si satisfaisants résultats, durant le reste de l'année scolaire, qu'au mois d'octobre suivant, on le jugea capable de suivre les cours de la troisième. C'est qu'il y avait en lui ce fonds solide, que l'on rencontre si rarement chez tant d'autres, qui affectent des formes étudiées et des dehors trompeurs. Deux ans après, il entrait à la 1re classe, et il en était un des doyens lorsque nous avons eu le malheur de le perdre. Pour ceux qui connaissent un peu la marche des études dans nos Pensionnats, ce fait d'être passé de la 5e classe à la 1re en deux ans, mérite quelque attention ; il révèle dans un enfant de 14 ans une certaine dose de capacité, disons mieux, une fermeté, une énergie peu commune à cet âge.

René n'a jamais brillé dans les lettres ; il le savait bien et il s'en consolait aisément. Mais, tout ce que la nature lui

avait départi d'aptitude, de talents et de
persévérance, il· l'avait tourné vers les
sciences. Nourri des exemples et des
leçons de son père, il s'y était appliqué
dès l'enfance avec une prédilection toute
particulière. C'est surtout pour la physique et la chimie expérimentales qu'il
s'était pris d'une noble et vive passion;
aussi, dans toutes les classes où ces
sciences sont enseignées, il avait eu des
succès. Mais ce qui lui fit plus de plaisir
encore, c'est que depuis trois ans il avait
obtenu la charge de préparateur, et la
remplissait avec un talent et un dévouement qui ne seront peut-être jamais
remplacés. Qui pourrait dire les moments
qu'il a passés au cabinet de physique ou
au laboratoire de chimie? Les récréations
quotidiennes, les promenades du jeudi,
les jours de sortie, toutes ces heures bien-
heureuses que le règlement accorde au
délassement et à la distraction, René les
employait avec bonheur à ses études

favorites. Oh! si la fantaisie de le suivre vous était venue alors, vous l'auriez surpris tantôt remettant en place les instruments et les appareils dont il pouvait, au besoin, vous expliquer les usages et les applications ; tantôt suivant, avec l'anxiété d'un Lavoisier, les progrès d'une expérience, la préparation d'un corps ou la production d'un élément, dont le professeur aura besoin tout à l'heure pour sa leçon; tantôt enfin cherchant à se rendre compte de manipulations ou de combinaisons dont le secret lui avait échappé d'abord. Et les vacances, René ne les connaissait pas. A peine rentré à Orléans, le jeune chimiste, grâce au facile concours de son père et aux conseils éclairés d'un de ses frères, professeur de physique, installait un laboratoire, achetait des produits, et fonctionnait du matin au soir avec tout l'amour, avec toute la passion d'un alchimiste qui cherche la pierre philosophale.

Ce n'était pourtant là, si je puis m'ex-
primer ainsi, que le côté matériel, que
la vie extérieure de ce bon et digne élève.
Vous qui l'avez connu dans l'intimité,
dites-moi, vous souvient-il de ce visage
franc et ouvert, qu'illuminaient constam-
ment les roses de la vertu? de ce regard,
à la fois si doux et si pénétrant? de ce
front, où dormaient les lis de la pudeur?
de ce sourire perpétuellement répandu
sur ses lèvres? Vous souvient-il surtout de
la simplicité naïve qui présidait à toute
sa conduite? de sa complaisance à rendre
service? de son empressement à obliger?
N'est-ce pas, Messieurs, que celui qui
n'aurait vu en votre regretté condisciple
que le préparateur habile, que le précoce
investigateur de la nature, que le jeune
homme sérieux présageant un futur sa-
vant, n'est-ce pas que celui-là n'aurait
pas connu René Nouel?

IV

Une vie si agréable, des occupations si douces, si bien appropriées à ses goûts, ne devaient pas durer toujours. Le premier chagrin sérieux qu'ait connu René vint l'atteindre au moment où il y pensait le moins; c'était le 5 avril 1861. Aurélie, sa sœur bien-aimée, une sainte comme notre siècle corrompu n'en produit guère, fut ravie à son affection et à celle de toute sa famille. Peindre sa douleur dans cette circonstance, plus triste en un sens pour lui que pour les autres, à cause du rapprochement de leurs âges, ne serait pas chose facile. Cette funèbre date du 5 avril se grava en caractères ineffaçables dans son esprit. Qui sait ? il avait peut-être un secret pressentiment que lui-même, un an plus tard, il contribuerait à la buriner de nouveau et plus profondément encore dans le cœur de son père et de sa mère. Oh! que la fatalité serait une doctrine épouvantable, désespérante, si la foi ne nous apprenait qu'elle n'est qu'un mot jeté à la face du malheur, comme la suprême consolation d'une philosophie impuissante!

A la rentrée du mois d'octobre 1861, le jeune Nouel reprit ses études et ses travaux ordinaires; il y apporta un zèle égal et y obtint les mêmes succès; il sembla même prendre quelque goût à la littérature. Sa santé paraissait excellente, et personne ne se doutait qu'il y eût le moindre danger pour lui. Au milieu du mois de mars dernier, il avait, à la vérité, fait un court séjour à l'infirmerie; mais cette légère indisposition n'avait pas eu de suites fâcheuses, et il était-retourné en classe au bout de quelques jours. Ce fut le mercredi, 26 mars, qu'il ressentit les premiers symptômes d'une péritonite aiguë. Sa tante, qui habite Paris, avertie

dès le jeudi, vint joindre son dévouement et ses soins à ceux des frères infirmiers ; une consultation eut lieu dans la
matinée du vendredi ; enfin, M. Nouel,
averti par la poste, puis par le télégraphe,
arriva dans l'après-midi du samedi. Tout
fut inutile. Les soins les plus empressés
et les plus assidus n'eurent pour résultat
que de constater la gravité du mal et d'en
suivre les rapides progrès ; il fut impossible de le conjurer, encore moins de s'en
rendre maître. Nous l'avons déjà dit :
Dieu avait choisi cette fleur embaumée,
et les anges n'attendaient que *le jour du
Seigneur* pour la cueillir et la porter dans
les cieux.

V

La première entrevue du père et du
fils fut déchirante pour tous les deux.
René, cachant sa douleur sous un sou-

rire, demandait des nouvelles de la famille, et M. Nouel avait à peine la force
de lui répondre. Ils dissimulaient l'un
et l'autre, sous quelques paroles de tendresse, la pensée qui les étouffait. Enfin
celle du malade se fit jour; son père lui
ayant dit, en regardant une image de
saint Joseph qu'on avait attachée à son
lit : *Les chers Frères t'ont mis en bonne
société, avec saint Joseph; c'est un bon
patron pour les jeunes gens.* — *C'est aussi
le patron de la bonne mort,* répondit aussitôt René avec beaucoup de calme.

Trop souvent, dans le monde, on ne
songe à procurer aux malades les consolations de la religion que lorsqu'il n'est
plus temps. Il n'y avait pas cela à craindre
dans la circonstance actuelle. La première chose dont on se préoccupa, pour
notre cher malade, ce fut de lui ménager
les puissants secours de l'Église. On
n'eut pas même besoin de prendre beaucoup de précautions pour l'y préparer,

car, et nous nous hâtons de le signaler ici, autant une piété solide donne de sang-froid aux parents vraiment religieux, autant elle inspire aux enfants de foi et de résignation. Je dis *résignation*, c'est un mot que je devrais effacer ici. En effet, le F. Directeur y ayant exhorté René, pour le préparer à recevoir les derniers Sacrements, celui-ci lui répondit vivement : *Pourquoi donc de la résignation, puisque c'est du bonheur ?* Quelle différence entre la cruelle tendresse des gens du monde, qui laisseraient volontiers mourir leurs proches sans Sacrements, et la vive et pure affection des parents chrétiens, qui se traduit alors en consolations pleines de force et de douceur !

M. le premier Aumônier, qui avait reçu la confession de René dès le jeudi, se disposa donc à lui administrer le sacrement de l'Extrême-Onction. Il était sept heures du soir. Auprès du lit du malade se tenaient, dans l'attitude de la prière, son père, sa tante, le frère Directeur et une douzaine d'autres frères, entre autres tous les professeurs de René, qui en avait lui-même exprimé le désir. Malgré les souffrances horribles qu'il endurait, souffrances qui lui arrachaient parfois des cris involontaires et étouffés, il suivit toutes les prières avec une grande attention. Il prononçait autant que possible les paroles, répondait aux questions avec beaucoup de présence d'esprit, et faisait le signe de la croix avec la piété d'un ange. Nous étions profondément émus et touchés ; aucun de nous ne pouvait même retenir ses larmes ; René seul ne pleurait pas. Notre émotion fut à son comble, et nos sanglots éclatèrent surtout lorsque ce nouveau Louis de Gonzague appela, l'un après l'autre, son père, le frère Directeur, les frères infirmiers et tous ses professeurs, et qu'il les embrassa avec affection, après leur avoir, à chacun séparément, *demandé pardon des peines qu'il leur avait*

faites, et des fautes qu'il avait à se repro-
cher à leur égard. Et cette édifiante dé-
marche, dont on ne retrouve d'exemple
que dans les vies des saints, il la faisait
avec une si pieuse et si scrupuleuse attention, qu'il réclama même un professeur
de la 2ᵉ 5ᵉ classe, à qui il croyait avoir
fait de la peine quelques jours aupara-
vant, et lui en demanda également pardon. Certes, c'est bien à ceux qui se pla-
cent dans de si saintes dispositions,
qu'on peut appliquer cette parole de
l'Apocalypse : *Bienheureux ceux qui meu-*
rent dans le Seigneur !

Peu de temps après cette émouvante
cérémonie, René reçut une visite qui
devait lui être bien sensible, celle de
M. l'abbé Place, ami de sa famille, ancien
vicaire-général de Viviers, ancien supérieur du séminaire de La Chapelle, près
d'Orléans, et aujourd'hui de celui de
Notre-Dame-des-Champs, à Paris. Il
n'avait sans doute rien à ajouter aux

bonnes et saintes exhortations qu'avait
déjà reçues notre cher malade ; il se con-
tenta de lui laisser, pour sa consolation,
un crucifix précieux et un médaillon de
la Très-Sainte Vierge renfermant des re-
liques ; René les reçut avec bonheur et
les baisa avec une grande piété. En se
retirant, M. le Supérieur était si profondément édifié qu'il donna, le lendemain,
pour sujet de méditation à ses jeunes sé-
minaristes , le touchant exemple qu'il
venait d'avoir sous les yeux au Pensionnat de Passy.

De fréquents vomissements n'avaient
pas permis d'apporter au malade le saint
viatique, qu'il aurait pourtant reçu avec
tant de bonheur. Le dimanche matin, il
disait à son père : *Ma maladie est calquée
sur celle de ma sœur. — Tu penses donc
bien à ta sœur ? — Oui, toujours ; comme
elle je serai privé du saint viatique. — Et
tu désirerais bien le recevoir ? — Oh ! oui,
beaucoup.*

Ajoutons ici une parole admirable de foi et de résignation qu'il a répétée dans plusieurs circonstances. Le frère Directeur l'engageait à demander sa guérison à saint Joseph ; il lui répondit : *Mais, cher frère Directeur, s'il est plus avantageux pour moi qu'il en soit autrement. Je veux bien la demander, puisque vous me le dites, mais pourvu que ce soit la volonté de Dieu.* En parlant ainsi, René n'était que l'écho fidèle de sa pieuse famille, qui a pour devise, dans toute circonstance, le *fiat voluntas tua* de Notre-Seigneur. Je pourrais en citer divers exemples; je me bornerai au suivant, parce qu'il a directement rapport à mon récit. Aussitôt que M. Nouel fut entré au Pensionnat et qu'il eut vu l'état si grave de son enfant, il descendit à la chapelle et demanda à Dieu, pour le père et pour le fils, *la résignation la plus absolue à la volonté divine* dans cette douloureuse circonstance.

VI

Cependant le moment suprême ne paraissait point encore venu ; on put même croire un instant que le mieux allait se manifester. Deux frères, qui s'étaient offerts pour veiller, prièrent M. Nouel d'aller prendre un peu de repos, lui promettant, s'il arrivait quelque accident, d'aller le réveiller le premier. La nuit fut en effet assez tranquille. René était assoupi, et, si l'on n'avait entendu le cri douloureux qui s'échappait de temps en temps de sa poitrine oppressée, on aurait pu penser qu'il souffrait moins et qu'il dormait. Vers deux heures, ayant remarqué que les deux frères récitaient le chapelet, il leur témoigna le désir de le dire aussi. Il prit alors celui du frère qui se trouvait près de lui, en baisa avec

beaucoup de foi la croix et la médaille,
l'une et l'autre bénies par le Pape, et se
mit en devoir d'en réciter une dizaine (1).
Son état de souffrance et l'application
qu'il y mettait firent durer cette dizaine
bien longtemps : sa piété prenait plaisir
à en savourer tous les mots. Les frères
l'engagèrent alors à cesser, pour ne pas
se fatiguer ; seulement, pour répondre
en quelque chose aux désirs de son cœur,
ils lui suggérèrent quelques courtes in-
vocations, surtout en l'honneur de saint
Joseph, dont l'image était toujours sous
ses yeux. Il était heureux de prier ;
on eût dit qu'il se hâtait de profiter de
ses dernières heures calmes pour se préparer au redoutable voyage. En effet, un
peu après trois heures, il eut une crise
qui effraya ses gardiens. Vite on éveille
son père, le frère Directeur et le frère in-

(1) M. Nouel a exprimé le vœu de posséder ce chapelet,
qui se conservera dans la famille comme un souvenir infi-
niment précieux.

firmier, qui accourent pour lui prodi-
guer les soins que réclamait son état. .
Leurs craintes ne durèrent pas longtemps, et, la crise passée, le malade se
trouva beaucoup mieux. On se flatta
même un instant de le sauver; lui seul
ne donna point dans cette illusion, car,
ayant reçu, vers les huit heures et demie,
la visite d'un de ses condisciples, Orléa-
nais comme lui, il lui dit : *Eh bien! Eu-
doxe, que viens-tu donc faire? — Je viens
voir comment tu vas. — Tu viens me voir !
Je vais mourir...* Son ami ne put que se
cacher le visage dans les mains et pleu-
rer à chaudes larmes. C'est aussi dans
cette même matinée que le frère infirmier
eut l'idée de lui faire prendre quelques
gouttes d'eau de Notre-Dame de la Sa-
lette; René en fut très-heureux, il l'en
remercia avec effusion, et avoua que cela
lui avait fait beaucoup de bien.

Nous n'avons pas craint de nous arrê-
ter à tous ces détails, si minutieux en

apparence, parce qu'ils font mieux con-
naître le jeune Nouel, et que, d'ailleurs,
ils justifient bien les larmes que sa mort
nous a fait répandre, et les regrets dont
elle a été suivie. Oh ! s'il était au pouvoir
des hommes de conserver la vie à ceux
qui leur sont chers, que n'aurions-nous
pas fait pour garder au milieu de nous
notre bien-aimé René ! Mais Dieu ne
pense pas comme les hommes ; adorons
ses décrets impénétrables, et répétons
avec celui que nous pleurons : *Fiat voluntas tua.*

VII

Bien des prières avaient été faites pour
le malade ; on avait surtout intéressé à
sa cause le glorieux saint Joseph, dont le
beau mois allait se terminer. Mais, ainsi

que l'avait pressenti René lui-même, *il
était plus avantageux pour lui qu'il en fût
autrement.* Vers dix heures et demie, on
le vit entrer en agonie ; de toute part on
s'empressa pour réciter, près de son lit,
les dernières prières. Le frère Directeur
essaya de maîtriser son émotion et fit
tous ses efforts pour présider lui-même,
pendant que M. Nouel, ce modèle des
pères chrétiens, se montrait plus résigné
que nous tous. Il eut la force de rester
debout à côté de son cher enfant, de
suivre tous ses mouvements, et de se te-
nir prêt à recueillir son dernier soupir
et à lui fermer les yeux. Quel spectacle !
D'un côté, la mort hideuse, s'acharnant
sur un jeune homme de dix-sept ans, et
lui arrachant un à un jusqu'à son dernier souffle de vie, en présence de parents
et d'amis impuissants à la repousser ; de
l'autre, cet enfant, victime innocente,
qui ne sait que se taire, se résigner ou
prier avec ceux qui l'entourent ! Pas un

instant de faiblesse, pas un mot de regret pour cette vie qu'il abandonne si jeune, pour cet avenir si brillant qui lui échappe, pour ce monde enchanteur, dont les bruits lointains viennent mourir à son oreille insensible......

Tel fut René au moment suprême. Il conserva sa connaissance jusqu'au bout; c'est à peine si l'on eut à constater quelques traces de délire, et encore cette courte absence avait-elle précédé les prières des agonisants, que nous eûmes le temps de réciter en entier. Elles étaient à peine terminées, qu'il arrêta ses yeux éteints sur son père et prononça distinctement ces mots : *Père, est-ce que vous allez partir tout seul?* — *Non, mon enfant,* répondit M. Nouel, toujours calme, *je reste auprès de toi.* Il dit, et, saisissant la croix et le médaillon dont nous avons parlé, il les tint appliqués sur le cœur de son fils, qui n'attendait que cela pour cesser de battre : deux minutes après, son âme retournait dans le sein de son Créateur.

Nous nous laissâmes tous tomber à genoux et nous donnâmes un libre cours à nos larmes, excepté encore M. Nouel, dont la douleur comprimée fit place à la plus vive reconnaissance. Se tournant vers nous, il nous adressa d'une voix émue ces mémorables paroles : *Je vous remercie, mes chers Frères, de tout ce que vous avez fait pour mon enfant. Oh! que je suis heureux de l'avoir mis dans cette maison! En lui apprenant à bien vivre, vous l'avez préparé à une sainte mort. Pour moi, je suis incapable de vous en récompenser dignement; il n'y a que le bon Dieu qui puisse vous payer de cela.*

Cette bienheureuse mort arriva au Pensionnat de Passy-lès-Paris, le dimanche 30 mars 1862, vers dix heures trois quarts du matin. Ce n'est pas sans motif que nous revenons sur cette date; c'est même ici le lieu de rappeler un fait auquel nous

avons déjà fait allusion, mais sans en
donner les détails. On se souvient qu'Aurélie, la sœur bien-aimée de René, était
morte le 5 avril 1861. Elle avait été at-
teinte d'une péritonite, dans le temps
même où sa mère souffrait d'une fluxion
de poitrine des plus graves. Dans un pieux
excès d'amour filial, elle offrit à Dieu le
sacrifice de sa vie pour la conservation de
celle de sa mère. Le Ciel fut touché d'un
dévouement si héroïque, qui était d'ailleurs le fruit d'une vertu peu commune,
et il exauça la prière d'Aurélie. Bientôt
elle se vit à l'extrémité. Dans ce moment
solennel, où tant d'autres n'auraient vu
qu'un sujet de désespoir, les divers membres de la famille la chargèrent naïve-
ment *de leurs commissions pour le ciel.*
On lui recommanda plus particulière-
ment son jeune frère René, qui ne devait
pas tarder à entrer dans le monde, où il
se trouverait exposé à plus de dangers.
Pour celui-là, répondit la sainte fille, *ne*

vous en inquiétez point, je m'en charge.
Quand on rapproche ce récit de ceux qui
précèdent, il est impossible de n'y pas
voir une sorte de prophétie, dont la mort
de René serait l'accomplissement. A un
an d'intervalle, presque jour pour jour,
ce sont les mêmes détails : maladie, paroles, sentiments, et jusqu'au ton de la
voix, tout se ressemble. Cette coïncidence
singulière, qui n'avait échappé à personne,
et que René lui-même avait re-
marquée, cette coïncidence prouve une
fois de plus que sa mort fut un bienfait
céleste, dont nous n'avons qu'à bénir la
Providence.

VIII

Et maintenant, jeunes gens de Passy,
approchez-vous de ce lit. Reconnaissez-
vous celui qui y dort d'un sommeil dont
on ne se réveille point ? Hier encore,

vous l'avez vu plein de jeunesse et de santé, se livrant avec vous aux études et aux jeux de son âge ; et aujourd'hui, hélas ! il ne remarque même pas votre présence auprès de sa couche funèbre. Que sont devenus ces yeux si ardents, ces couleurs si vives, cette bouche, qui disait de si belles choses, ce front, qui était le siége d'une intelligence si développée ? Ah ! Messieurs, la mort l'a touché de son doigt glacé, et soudain ses yeux se sont éteints, ses roses se sont flétries, sa bouche s'est tue, son âme s'est échappée de sa prison mortelle. Aujourd'hui, c'était son tour, demain, ce sera le nôtre....

Après la mort de René, comme pendant sa vie, la pensée chrétienne inspira seule son noble père. Au lieu de faire transporter à grands frais son corps à Orléans, au lieu de donner à ses funérailles une inutile et dispendieuse pompe, il se borna, pour l'extérieur, à la modestie et à la simplicité. Le but de cette sage

économie était de multiplier les messes
pour l'âme de celui qu'il avait tant aimé
vtvant, et qu'il voulait aimer davantage
encore après sa mort. Lui-même se char-
gea également de porter à sa famille la
triste nouvelle de la mort de ce fils
chéri ; mais il l'accompagna des édifiants
détails que nous avons rapportés, car
il savait que par là il verserait sur de
bien vives douleurs le baume des espé-
rances célestes, le seul qui pût les sou-
lager.

Il fut décidé que René serait enterré
au cimetière de Passy, et la cérémonie
en fut fixée au mardi 1ᵉʳ avril. C'était le
jour de la sortie mensuelle des élèves, de
sorte qu'un grand nombre d'entre eux
ne purent assister qu'à la messe, qui fut
dite dans la chapelle du Pensionnat par
M. le premier Aumônier. Les obsèques
eurent lieu à la paroisse à neuf heures.
Outre les membres de la famille qui avaient
pu être prévenus, il s'y trouvait une

centaine d'élèves, et tous les frères libres, au nombre d'environ soixante. On remarquait, de plus : M. l'abbé Place, un des assistants du Supérieur - Général ; le F. Directeur du demi-pensionnat des Francs-Bourgeois, celui du pensionnat d'Orléans et un ancien directeur de la même ville.

M. le curé de Passy voulut bien présider lui-même à la réception du corps et à l'absoute ; M. le premier vicaire fit le service, auquel assista presque tout le clergé de la paroisse. Enfin, ce furent les élèves de la première classe qui chantèrent la messe, le *Dies iræ*, et jusqu'à quatre fois le *De profundis* en faux-bourdon. Ils s'étaient privés de leur sortie pour donner à leur cher et regretté condisciple cette dernière marque de leur affection.

IX

Il est bien pénible, sans doute, de voir un funèbre cortége s'avancer triste et lent vers le champ des morts ; mais le cœur chrétien est bientôt consolé quand, porté sur les ailes de la Foi, il quitte la terre pour s'envoler aux cieux. Là-haut les choses se passent bien différemment.

Telles étaient les réflexions qui préoccupaient mon esprit lorsque nous arrivâmes au cimetière. Pendant que l'amitié jetait sur le cercueil une dernière goutte d'eau bénite avec une dernière prière, je portai mes regards vers le ciel. J'y vis une multitude de nuages légers, qui semblaient s'être arrêtés au-dessus de nos têtes. Sans doute, au sein de ces agiles messagers de la Providence, comme les appelle l'Écriture, se cachaient des anges chargés de recueillir l'âme de notre bon René, aussitôt que la dernière bénédiction de la terre l'aurait rendue digne d'entrer dans leurs célestes phalanges. Sans doute aussi sa chère Aurélie était là pour le recevoir et le présenter elle-même au trône de Dieu. Et que ceux qui liront ces lignes ne les taxent point de pieuse exagération : elles ne sont que l'expression de ma foi et de la leur ; oui, elles sont la libre traduction de cette parole du divin Maître : *Cela va bien, bon et fidèle serviteur ; vous avez été fidèle en peu de chose, entrez dans la joie de votre Seigneur.*

Chers amis, vous qui avez connu René, je suis bien sûr que vous ne l'oublierez point. Mais ne vous bornez pas à une muette et stérile admiration ; qu'il revive dans vos cœurs, dans vos actes, et jusque dans vos récits. Transmettez fidèlement aux générations d'élèves qui vous succéderont le précieux héritage de vertu et d'édification qu'il vous a laissé. Et si parfois le vent de l'amitié pousse votre nacelle vers sa tombe, arrêtez-vous-y quelques instants. Son père y a fait placer une croix, avec une simple plaque de cuivre, qui contient en trois mots toute l'histoire d'une vie et tout le secret d'une mort si édifiantes.

RENÉ-MARIE-JOSEPH NOUEL

DÉCÉDÉ AU PENSIONNAT DES FRÈRES

Le 30 Mars 1862

———

FIAT VOLUNTAS TUA !

X

Et toi, Enfant de nos affections, te
voilà devenu, nous en avons du moins la
douce et légitime confiance, oui, te voilà
devenu plus puissant dans le ciel, que
ceux que tu étais accoutumé à chérir et
à respecter sur la terre. Leur tendresse
t'a suivi jusqu'au delà de la tombe ; elle
a même contribué à te mettre plus tôt en
possession du trône que tu occupes maintenant dans le séjour de la gloire. Pour-
rais-tu les oublier? Oh ! souviens-toi de-
vant le Seigneur de ceux qui te furent
chers ici-bas. Un souvenir, René, pour
ce père et cette mère, pour toute cette
pieuse famille, à laquelle tu n'as causé
d'autre chagrin que celui de ta mort!

Un souvenir pour ce Pensionnat de
Passy, pour ce Directeur, pour ces Aumô-
niers, pour ces Professeurs, au milieu

desquels tu as vu s'écouler cinq des plus belles années de ta vie !

Un souvenir pour ces Condisciples d'élite, qui t'avaient voué une si vive et si cordiale amitié !

Puissent tes prières, jointes à tes exemples, nous aider à recomposer dans le ciel et cette famille d'Orléans, et cette famille de Passy, dont tu as été une des perles les plus précieuses !

G. S. G.

Passy, le 10 Avril 1862.

Imp. Renou et Maulde, rue de Rivoli, 144.   11605